RÉFUTATION

DE LA BROCHURE DE

CORMENIN

RÉVISION

Par L. DE CHAUMONT
(AUTEUR DRAMATIQUE.)

20 C. 

20 C.

PARIS
Passage Jouffroy, Galerie de l'Odéon
ET PALAIS-NATIONAL.

1851

RÉFUTATION

DE

LA BROCHURE DE CORMENIN

RÉVISION

La France autrefois s'ennuyait; elle avait la migraine; ce mal qui est celui des beaux esprits revenait de droit à la France. Aujourd'hui, le mot est tout différent; il n'est plus dans la tête, il est dans le cœur.

C'est beaucoup plus grave!

Tellement grave que l'industrie s'arrête, que le commerce souffre, et que la littérature réduite aux abois demande un refuge contre la misère qui vient frapper à sa porte.

Si la République des lettres est cousine de la République française, il faut avouer que de cette parenté, elle n'a pas tiré un grand profit.

Tout malade qui souffre veut être guéri; c'est son droit, et s'il ne l'exerçait pas, il marcherait à un suicide; d'après nos lois, le suicide est regardé comme une lâcheté.

La France malade veut donc être guérie: mais

par quel moyen? C'est là que l'auteur, ou plutôt le docteur, se trouve embarrassé.

Trois grands docteurs sont en présence :

L'un se nomme *légitimité;* c'est le docteur BLANC.

Le second se nomme *régence;* nous le nommerons le docteur BLEU.

Enfin, le troisième c'est le *suffrage universelle,* nous le nommerons le docteur ROUGE.

Tous trois prétendent avoir raison; tous trois présentent leur panacée et parodient une phrase devenue célèbre, ils disent :

— Prenez mon ours. — Je me trompe. — Prenez ma pilule et vous m'en direz des nouvelles.

Le premier docteur dit à la France :

« Redevenez reine et tout ira bien; une couronne vous rendra vos fraîches couleurs; votre sang qui commence à se glacer circulera dans vos veines, pur, chaud et généreux comme autrefois.

— Ne le croyez pas, riposte le *docteur-régence;* il prétend vous guérir; mais moi seul je possède le secret de cette cure merveilleuse.

« Elevant la voix de manière à couvrir celle de ses deux rivaux, le *docteur-rouge* s'écrie avec un air de conviction qui le rend fort respectable :

— Sans moi, point de salut. Songez-y bien, Madame. »

Entre ces trois docteurs, que voulez-vous que fasse la France?

Qu'elle meure?

Vraiment non! la vie de la France, c'est la nôtre; tous nous souffrons de son mal, comme de pauvres enfants souffrent du mal de leur mère. Faisons donc des vœux pour sa guérison et surtout n'oublions pas ce proverbe plein de sagesse : *Aide-toi, le ciel t'aidera !*

Au milieu de cette crise périlleuse, chacun a le droit de proposer son remède ; vous avez apporte le vôtre, Monsieur, vous avez cru agir en bon citoyen, en honnête homme; moi, Monsieur, je crois agir en bon citoyen, en honnête homme, en réfutant votre livre.

Votre ami, M. de Lamartine, dont nous respecterons toujours les généreuses intentions, a dit de vous :

Il y a toujours à gagner dans une conversation avec un conteur comme M. de Cormenin.

Je m'en rapporte à M. de Lamartine; voilà pourquoi je vous écris cette lettre ; chacun cherche son profit où il croit le trouver.

Vous avez travaillé à la Constitution, Monsieur, et vous défendez votre œuvre ; rien de plus naturel :

Vous ne dissimulez pas,

Ses *vices*,

Ses *longueurs*,

Ses *gênes,*

Ses *contradictions,*

Ses *inutilités ;*

Et cependant vous la défendez *quand même.*

Rien encore de plus naturel.

Ce sont les enfants les plus vicieux, et qui nous causent le plus de chagrins, que nous chérissons avec le plus d'ardeur !

Tous les pères sont aveugles !

Pourquoi donc, Monsieur, votre paternité ne porterait-elle pas un bandeau ; en agissant autrement vous deviendriez une exception, et toute exception confirme la règle !

Défendez votre œuvre, Monsieur, mais permettez à d'autres de ne point avoir pour elle le même amour ; à côté de ses amis viennent se placer ses détracteurs ; la main sur la conscience, je crois, Monsieur, que vous et vos amis, vous n'êtes pas ici en *majorité.*

Vous n'êtes pas partisan de la révision et vous en donnez franchement le motif, dans les lignes suivantes :

« Je soutiens que constitutions et reconstitu-
» tions, visions et révisions n'arrêteront pas, je
» ne le crains que trop, les impatiences féroces
» qui nous déchirent le foie. »

Voilà une croyance fort peu rassurante, vous l'avouerez !

Oui, l'avenir est gros d'orages. Oui le mal qui nous tue se nomme le spectre de 1852 !

Et, quand nous sommes tous malades, vous prétendez que nous ne voulons pas être guéris !

« La classe officielle, la nation bourgeoise, la France lettrée ; cette France là dont je fais partie, elle ne veut pas être guérie. »

Voilà vos paroles :

« C'est du nouveau qu'il lui faut, ce nouveau, fût-il de l'ancien ! »

Ici, Monsieur, nous sommes d'un avis diamétralement opposé.

La preuve que la France veut être guérie, c'est qu'elle demande la révision de la Constitution qu'elle regarde, à tort ou à raison, comme la cause de son mal.

La preuve que ce n'est point du nouveau qu'il lui faut, c'est que ce mot seul de nouveau l'épouvante. L'*inconnu* en politique est la pire des choses.

Si nos pères avaient pensé que de 89 naîtrait 93, jamais 89 n'eût existé.

Dieu seul sait où peut nous conduire 1852, cette fille mystérieuse de 1848.

Une seule chose semble rassurer les plus timorés :

Ils se disent :

« Avec le président que la France s'est donné, nous avons franchi, sans trop d'encombres, les trois années qui viennent de s'écouler; avec l'aide de Dieu, nous franchirons, peut-être aussi heureusement, l'écueil de 1852; mais du moins qu'on nous laisse notre élu. »

Et, tout naturellement, ces braves gens demandent la prolongation des pouvoirs de Louis-Napoléon.

Et de peur que leur prière ne soit pas entendue, vous faites un appel au premier magistrat de la République, vous lui adressez ces paroles qui ont semblé étranges à vos lecteurs, et le nombre en est grand.

« Quand le vote universel et direct de nos ar-
» tisans et de nos laboureurs, quand tout ce peu-
» ple en blouse et en sabots vous porta sur le pa-
» vois de la présidence, vous pouviez, dès le
» lendemain de votre élection, déposer le fardeau
» du pouvoir, et vous vous seriez retiré, tout cou-
» ronné de vos six millions de suffrages, avec le
» plus grand honneur dont jamais aucun homme
» ait été couvert et illustré depuis le commen-
» cement des siècles. »

Nous pensons, Monsieur, qu'une telle *abdication* eut flétri le nom de Napoléon, au lieu de l'immortaliser. Le peuple avait mis sa confiance en lui; ne pas répondre à cette confiance c'était une trahison, une indigne mystification, si vous l'aimez mieux.

Après tout, pour abdiquer, pour se démettre du pouvoir, il faut savoir dans quelles mains il va passer.

Vous avez oublié, Monsieur, de nous dire en faveur de *qui* et de *quel parti* Louis-Napoléon aurait dû abdiquer.

LOUIS-NAPOLÉON.

Dans la seconde édition de votre brochure, voudrez-vous nous l'apprendre?

Oubliant les services non contestés que Louis-Napoléon a rendus à la *classe officielle*, à la *nation bourgeoise*, à la *France lettrée*, vous l'adjurez de ne pas donner les mains à la révision de la Constitution qui vous semble intempestive ; vous le pressez de se déclarer, vous lui dites :

« Parlez : le peuple attend dans le silence ce » que vous allez dire ! Parlez, il n'y a que vous » seul qui puissiez comprimer les trois factions de » la légitimité, de la régence et de l'empire ; pas- » ser hardiment avec la France sur ce pont trem- » blant de 1852, que la Providence semble avoir » jeté entre deux abîmes ! »

Ainsi donc, il est trop vrai, 1852 vous épouvante. Un seul homme, dites-vous, peut aider la France à se sauver, et cet homme est l'élu du Dix Décembre. Sauver la France ! mais par quel moyen ? En renonçant aux *millions* de votes que vous supposez devoir encore lui être offerts ? Mais depuis quand un général sauve-t-il son armée en donnant sa démission ? Décidément, Monsieur, vous êtes un grand partisan des abdications et des retraites ; et l'historien de la fameuse retraite des dix mille doit être un de vos héros !

Mais poursuivons : Vous revenez à la charge avec une merveilleuse opiniâtreté. Pour épargner à votre bien-aimée fille cette révision que votre ami, M. de Lamartine, croit lui-même utile sur plus d'un point, pour lui épagner toute violation, vous dites :

» Personne avant vous n'a été, ni en aucun » temps, ni en aucun pays de l'Europe, le chef in» contestable d'une grande nation... Être ou avoir » été président de la République française, ce n'est » pas être ou avoir été moins qu'un roi ; et, quant « à ce qui est d'une couronne, il n'y a pas de cou» ronne sur la terre qui ne soit, vous le savez bien, » de votre nom.

» Mais ce qui est incomparablement au-dessus « d'une couronne, et même au-dessus de votre » nom, c'est de garder la foi promise, c'est de faire » votre devoir, c'est de vous retirer lorsque vous » pourriez rester, c'est d'être citoyen lorsque vous » pourriez être roi !

» Il est bon que l'on sache que vous pourriez en» core réunir sur votre tête des millions de votes, et » que vous en avez noblement répudié l'hommage.

» D'abord, Monsieur, il n'est ici nullement ques» tion de royauté ; n'équivoquons pas, s'il vous » plaît. »

Il est évident que vous avez fait le raisonnement suivant :

Louis-Napoléon Bonaparte a fait un serment à la Constitution ; ce serment devient pour lui une véritable impasse qui lui ferme les portes de l'avenir ; il ne peut passer outre sans être parjure.

Fort bien, Monsieur, on comprendrait ce raisonnement, si Louis-Napoléon songeait à forcer cette impasse comme on emporte une redoute, mais choses peuvent se terminer d'une toute autre manière. Le champ des suppositions est immense; vous me permettrez donc de m'y engager.

Une supposition donc :

S'il plaisait à la majorité de la France de déblayer le terrain, de renverser l'obstacle, de faire enfin disparaître cette barrière légale qui vous paraît insurmontable,

Qu'auriez-vous à dire?

Si la France, reconnaissant des services déjà rendus, en attendait de nouveaux,

Qu'auriez-vous à répondre?

Si la France, se sentant mourir et voulant être sauvée, s'écriait :

« Tu m'as déjà sauvée, sauve-moi encore! nous nous connaissons, restons ensemble : mon intérêt et ma reconnaissance l'exigent ainsi. »

Dites, Monsieur, à cette grande voix de la France, comment prétendriez-vous imposer silence? Serait-ce en arborant sur votre bannière le mot *Constitution?*

Comment! vous ne verriez de salut que dans la Constitution? Ah! Monsieur, si elle pouvait parler, elle vous dirait, n'en doutez pas :

« Hélas! hélas! en vérité, je vous le dis : Vous croyez que moi seule je puis vous sauver, et cependant je suis bien malade; tellement malade que, chaque matin, quatre à cinq docteurs viennent me tâter le pouls en hochant la tête d'une manière fort significative, trop significative. Hélas! je me sens mourir, et vous attendez que je vous sauve ! Mes chers amis, cherchez ailleurs votre salut; ce n'est pas aux moribonds qu'il faut demander la santé; s'ils pouvaient sauver quelqu'un, ils songeraient, avant tout, à leur propre salut.

» Charité bien ordonnée commence par soi-même. »

Résumons.

La Constitution est vicieuse sur bien des points ! La France est tellement convaincue de cette vérité, qu'elle demande à grands cris *la révision*.

De tous les points de la France, il vous arrive des pétitions qui demandent la prolongation des pouvoirs du président.

Nous savons que ces pétitions, beaucoup de gens les traitent avec un souverain dédain : nous pensions, quant à nous, que les désirs de la France méritaient plus de respect.

Encore un citation ; ce sera la dernière.

Vous dites, en vous adressant au président de la République :

« Puisque vous avez cru devoir vous dévouer à la fatalité du gouvernement des hommes, sachez vous arrêter et vous contenir dans l'héroïsme de ce sacrifice. »

Avant de donner de pareils conseils, ne vaudrait-il pas mieux attendre que la France ait fait connaître sa volonté?

Adopter la proposition de l'honorable M. Larabit, et attendre.

Si, grâce à la révision légale de la Constitution, Louis-Napoléon était maintenu à la présidence, pensez-vous donc que ce serait là une solution contraire aux intérêts et à la dignité de la France?

Non, n'est-ce pas?

Vous aimez à reconnaître dans l'élu du Dix Décembre amour de la patrie, sympathie pour la liberté et cette sage prudence si nécessaire dans le chef d'une grande nation.

Voilà de rares qualités acquises et reconnues : gardez-les donc, pendant que vous les avez sous la main; qui sait si vous les trouverez *ailleurs* au même degré? Qui sait même si, dans un *autre*, elles ne brilleraient pas par leur absence!

Il est bon, d'après vous, que le premier des présidents de la République de 1848 ne soit pas réélu.

Ceci est tout simplement un paradoxe politique. N'imitons pas ces sauvages insulaires qui insultent le soleil, et, au milieu de leurs imprécations, lui disent :

» Assez longtemps tu nous as éclairés et réchauffés de tes rayons ; nous demandons que demain un autre soleil nous éclaire et nous réchauffe; nous n'avons rien à te reprocher, il est vrai, mais telle est notre volonté, et avec nous on ne discute pas. »

Les insensés! que deviendraient-ils, si Dieu, pour les punir, les plongeait dans les ténèbres!

Si la reconnaissance est la vertu des belles âmes, pourquoi ne serait-elle pas aussi la vertu des peuples?

L'ingratitude porte toujours malheur!

L. de Chaumont.

PARIS. — TYPOGRAPHIE BEAULÉ ET Ce, 10, RUE JACQUES DE BROSSE.

SOMMAIRE DE CETTE BROCHURE.

La France malade et ses **TROIS DOCTEURS** rouge et blanc, ou chacun veut avoir raison. — La Constitution jugée par M. de Cormenin. — De la Révision de la Constitution et de la Prolongation des pouvoirs de Louis-Napoléon.

DU MÊME AUTEUR:

Les Français en Afrique, poëme en quatre chants. — *Le Cheval de Créqui*, comédie du Répertoire du Vaudeville. — Histoire populaire du roi de Rome avec une Notice sur la reine Hortense. — Chansons, 1 vol in-32.

Sous presse :

LES NAPOLÉONNIENNES

CHANTS DÉDIÉS A L'ARMÉE.

www.ingramcontent.com/pod-product-compliance
Lightning Source LLC
LaVergne TN
LVHW010343230826
846091LV00009B/4009

* 9 7 8 2 0 1 1 7 7 8 2 8 4 *